BEI GRIN MACHT SICH IHR WISSEN BEZAHLT

- Wir veröffentlichen Ihre Hausarbeit,
  Bachelor- und Masterarbeit

- Ihr eigenes eBook und Buch -
  weltweit in allen wichtigen Shops

- Verdienen Sie an jedem Verkauf

Jetzt bei www.GRIN.com hochladen und kostenlos publizieren

Trainingslehre. Training mit einem 21-jährigen Kandidaten inklusive Leistungseinstufung und Hollmann-Venrath-Test

Tymofiy Buhriy

Bibliografische Information der Deutschen Nationalbibliothek:

Die Deutsche Nationalbibliothek verzeichnet diese Publikation in der Deutschen Nationalbibliografie; detaillierte bibliografische Daten sind im Internet über http://dnb.d-nb.de abrufbar.

ISBN: 9783346309242
Dieses Buch ist auch als E-Book erhältlich.

© GRIN Publishing GmbH
Nymphenburger Straße 86
80636 München

Druck und Bindung: Books on Demand GmbH, Norderstedt Germany
Gedruckt auf säurefreiem Papier aus verantwortungsvollen Quellen

Das vorliegende Werk wurde sorgfältig erarbeitet. Dennoch übernehmen Autoren und Verlag für die Richtigkeit von Angaben, Hinweisen, Links und Ratschlägen sowie eventuelle Druckfehler keine Haftung.

Das Buch bei GRIN: https://www.grin.com/document/960778

Deutsche Hochschule für

Prävention und Gesundheitsmanagement

Hermann Neuberger Sportschule 3

66123 Saarbrücken

Einsendeaufgabe

Fachmodul:	Trainingslehre II
Studiengang:	BFÖ
Datum Präsenzphase:	07.01.20-09.01.20
Name, Vorname:	Buhriy, Tymofiy
Studienort:	**Stuttgart**
Semester:	**Wintersemester 19/20**

Inhaltsverzeichnis

1 Diagnose

1.1 Allgemeine und biometrische Daten

Tab.1: Allgemeine und biometrische Daten Testperson (eigene Darstellung, 2020)

Alter	21 Jahre
Geschlecht	Männlich
Körpergröße	1,78m
Körpergewicht	81kg
Körperfettanteil	23% (ermittelt anhand einer InBody-Waage)
BMI	25,6 (errechnet durch die Formel: Körpergewicht (kg) / Körpergröße (m)^2
Berufliche Tätigkeit	Taxifahrer
Trainingsmotive/Ziele	- Verbesserung der allgemeinen Fitness - „Strandfigur" - Ausdauerleistung verbessern
Aktuelle sportliche Aktivitäten	keine
Frühere sportliche Aktivitäten	- Im Alter von 11-16 Jahren Mitglied eines Basketballvereins im Amateurbereich Umfang: 2x Training wöchentlich, am Wochenende Spiele)
Zeitlicher Verfügungsrahmen	Möchte 4-mal pro Woche in einem Rahmen von 1-1,5h im Fitnessstudio Ausdauertraining betreiben
Blutdruck	126/85 mmHg (gemessen anhand eines Blutdruckmessgerätes)
Ruhepuls	72 S/min (nach dem Aufstehen gemessen an vier aufeinanderfolgenden Tagen)
orthopädische Probleme	keine
internistische Probleme	keine
Vorekrankungen	keine
Einnahme von Medikamenten	keine
Sonstige gesundheitliche Einschränkungen	keine
Belastungsfähigkeit	voll

Die Erhebung der Daten erfolgte am 01.01.2020.

Die Testperson übt eine sitzende Tätigkeit aus und hat keine Vorerkrankungen, zudem wurden weder orthopädische noch internistische Probleme festgestellt. Der Trainierende nimmt dementsprechend keine Medikamente ein. Auffällig sind lediglich zwei Aspekte, der Body-Mass-Index und der Körperfettanteil. Der BMI von 25,6 wird als „leichtes

Übergewicht" klassifiziert. In Bezug auf den BMI sind 23% Körperfettanteil im Grenzbereich zwischen Normalgewicht und leichtem Übergewicht (Gallagher et al. 2000). Der Diastolische Blutdruckwert liegt im hochnormalen Bereich (Mancia et al., 2013, S.1286). Der Ruhepuls befindet sich zwischen 60-80 Schlägen pro Minute und der Trainierende liegt nicht außerhalb des Normbereichs (Kindermann et al., 2003).

Der 21-jährige Mann hat bereits fünf Jahre sportliche Erfahrung im Basketballverein. Er hat einen leicht erhöhten Körperfettanteil und einen ebenfalls leicht erhöhten Body-Mass-Index. Der Ruhepuls liegt im Normalbereich (siehe Normwertvergleiche unter 1.3 Gesundheits- und Leistungsstatus). Die Auswertung ergibt, dass die Testperson als voll leistungsfähig und durchschnittlich trainiert eingestuft werden kann.

1.2 Leistungsdiagnostik/Ausdauertestung

1.2.1 Auswahl Ausdauertest

Als Ausdauertests für die Testperson stehen die folgenden drei Stufentests zur Auswahl: Der WHO-Test, der Vita-Maxima-Test und der Hollmann-Venrath-Test.

1.2.1.1 WHO-Test

Der WHO-Test richtet sich speziell an ältere Männer oder an ältere Frauen. Es wird auf dieses Testverfahren verzichtet, da der Trainierende nicht dieser leistungsschwachen Zielgruppe angehört (IPN,2004).

1.2.1.2 Vita-Maxima-Test

Dieses Testverfahren richtet sich an erfahrene Ausdauersportler sowie Triathleten (Rost,2002). Es besteht das Risiko, dass der Trainierende vorzeitig ermüdet und kein aussagekräftiges Testergebnis zustande kommt. Auch der Vita-Maxima-Test ist ungeeignet für unsere Testperson.

1.2.1.3 Hollmann-Venrath-Test

Das Belastungsschema, das der Hollmann-Venrath-Test anwendet, ist seit Jahrzehnten etabliert. Die Belastung ist hinsichtlich Dauer, Steigerung und Intensität höher. Daher richtet sich der Test an Personen, mit einer Belastbarkeit von mindestens 150 Watt, also eher an junge und trainierte Menschen.

Basierend auf den in 1.1. erhobenen Daten und aufgrund der Einstufung der Testperson als voll leistungsfähig und durchschnittlich trainiert, wird das Testverfahren nach Hollmann und Venrath als Ausdauertest ausgewählt (Rost, 2002, S.53; Trunz, 2001, S.4).

1.2.2 Parameter und Durchführung des Ausdauertests

Mithilfe der IPN-Voreinstufungstabelle wird zunächst die Zielherzfrequenz (Pulsobergrenze) festgelegt. Die Zielherzfrequenz gilt als Abbruchkriterium und wird anhand von Ruheherzfrequenz sowie Lebensalter bestimmt. Im Falle der Testperson liegt die Zielherzfrequenz bei 145 S/min (Trunz, 2001; IPN, 2004, S. 4).

Der Test startet mit 30 Watt Eingangsbelastung und konstanten 60-80 Umdrehungen/min. Alle drei Minuten wird die Belastung um jeweils 40 Watt erhöht. Die aktuelle Herzfrequenz wird gemessen, bis die Pulsobergrenze erreicht wird.

Tab.2: Testverlauf des Fahrradergometertests nach dem Belastungsschema von Hollmann und Venrath (eigene Darstellung, 2020)

Zeit in Min	Wattleistung	Herzfrequenz in Schläge/min
3	30	91 S/min
6	70	103 S/min
9	110	118 S/min
12	150	137 S/min
13	157	145 S/min
Wattleistung pro Kg Körpergewicht	145 Watt / 81Kg = 1,9 Watt/Kg Körpergewicht	
Bewertung nach Normwerten für Männer (IPN)	Belastungsfaktor = 0,59: unterdurchschnittlich, schlecht vgl. IPN Tabelle (IPN, 2004)	

Durchgeführt am 07.01.2020

Nach dreizehn Minuten hatte die Herzfrequenz der Testperson 145 S/min bei 1,9 Watt/Kg Körpergewicht erreicht. Demnach wurde der Fahrradergometertest nach dieser Zeit abgebrochen, die Zielherzfrequenz war erreicht. Die Durchführung des Tests war erfolgreich und aussagekräftig, da bis zum Ende das Ausdauertests mehr als die vier geforderten Belastungsstufen durchlaufen wurden.

1.2.3 Auswertung Testergebnisse

Die Testperson hat den Test mit 1,9 Watt/kg Körpergewicht in der fünften Belastungs-stufe abgeschlossen. Daraus ergibt sich bei einem Körpergewicht von 81 kg der Testper-son ein Intensitätsfaktor von 0,59. Die Normwerte für einen Mann unter 30 Jahren liegen hier zwischen 0,6 und 0,62 (IPN, 2004, S. 8). Dementsprechend ist die Ausdauerleistung der Testperson als leicht unterdurchschnittlich einzuordnen.

1.3 Gesundheits- und Leistungsstatus der Testperson

Nach Auswertung der Daten aus dem Anamnesegespräch ist hier abschließend festzuhal-ten, dass der allgemeine Gesundheitszustand der Testperson durchschnittlich, aber eher unbedenklich ist. Blutdruck und Körperfettanteil der Testperson sind zwar leicht erhöht, aber es davon auszugehen, dass der Trainingsaspirant voll belastbar ist und dass keine Kontraindikationen für das Ausdauertraining bestehen. Die 5-jährige sportliche Vorer-fahrung im Basketballverein spricht dafür, dass die Person problemlos weiteren sportli-chen Belastungen ausgesetzt werden kann, d.h. von einer sog. Trainierbarkeit ist also aus-zugehen.

2 Zielsetzung/Prognose

Die gesundheitlichen Voraussetzungen der Testperson, wie im ersten Teil festgestellt, lassen von der Trainierbarkeit der Testperson ausgehen. Im Hinblick auf seine Trainings-motive ergeben sich die folgenden drei Trainingsziele:

Tab.3: Trainingsziele (eigene Darstellung, 2020)

Priorisierung	Ziel	Ausmaß	Trainingsmotiv (s. 1.1)	Dauer Trainings-phase
1	Senkung des leicht erhöhten Blutdrucks	Von „hochnormal" (126 / 85 mmHg) auf mindestens „normal" (120-129/ 80-84 mmHg)	Verbesserung der allgemeinen Fit-ness	4 Monate
2	Körperfettreduk-tion	Von 23% Körper-fettanteil auf min-destens 20%	Wunsch:"Strand-figur"	4 Monate

3	Verbesserung der Belastbarkeit im Ausdauertest(Intensitätsfaktor s. 1.2.3)	Von 0,59 („schlecht") auf mindestens 0,60 („durchschnittlich")	Verbesserung der Ausdauerleistung	4 Monate

2.1 Senkung des Blutdrucks

Die Senkung des Blutdrucks von „hochnormal" auf mindestens „normal" ist das wichtigste Trainingsziel, da es zum einen mit dem ersten Trainingsmotiv der Testperson übereinstimmt und zum anderen besteht ein erhöhtes Risiko für diverse Herz-Kreislaufkrankheiten insofern der Blutdruckwert (s. 1.1) zunimmt (Mathias D., 2018).

Die blutdrucksenkenden Anpassungseffekte von Ausdauertraining eignen sich optimal zur Zielerreichung. In einem Zeitraum von vier Monaten und bei vier Trainingseinheiten Ausdauertraining pro Woche, werden genügend Trainingsreize gesetzt, dass das Ziel realistisch erreichbar ist. Bereits nach der ersten Trainingseinheit ist bei mehreren Probanden einer Hypertonie-Studie (Muster & Zielinski, 2006, S.66) der systolische sowie diastolische Blutdruck deutlich reduziert. Größere und langfristige Effekte können bereits nach 10-12 Wochen festgestellt werden (Ärzte Zeitung, 2005). Unter Berücksichtigung der Studienergebnisse sowie des geplanten Zeitraumes zur Zielerreichung, kann der Trainierende nach Bewertung der Normtabelle (Mancia et al., 2013, S.1286) mindestens die Kategorie „Normal" erreichen.

2.2 Körperfettreduktion

Die Körperfettreduktion von 23% auf 20% KFA ist das zweit priorisierte Ziel. Zum einen ist eine „Strandfigur" der zweite Wunsch des Trainierenden, zum anderen kann Übergewicht schwerwiegende gesundheitliche Probleme hervorrufen. Da unsere Testperson einen nur leicht erhöhten Körperfettanteil aufweist, ist das Trainingsziel Körperfettreduktion als sekundär priorisiert anzusehen.

Gezieltes Ausdauertraining soll auch hier Abhilfe schaffen. Dieses Training fördert dann sowohl die Gewichtsreduktion des Trainierenden als auch eine Verbesserung des Fettstoffwechsels. Der erhöhte Kalorienverbrauch aufgrund der sportlichen Aktivität sowie eine optimierte Fettsäurenoxidation im Muskel (Berg, 2004, S. 173-175) fördern die Körperfettreduktion. Die Erreichung des Ziels ist innerhalb des geplanten Zeitraums möglich.

2.3 Verbesserung Belastbarkeit

Die Verbesserung der Belastbarkeit im Ausdauertest (Intensität) von 0,59 in den durch-schnittlichen Bereich, also mindestens 0,60, ist das am wenigsten priorisierte Trainings-ziel, hinsichtlich der Trainingsmotive der Testperson und weil zur Zielerreichung nur eine verhältnismäßig geringe Leistungssteigerung nötig ist.

Da der Trainierende 5 Jahre lang keine wesentlichen Trainingsreize gesetzt hat und einer „schlechten" (IPN, 2004) Ausgangslage zuzuordnen ist, besitzt er viel Potenzial nach oben und das Ziel ist mit geringem Aufwand zu erreichen. Zahlreiche Studien belegen positive Anpassungseffekte des Herzkreislaufsystems, der Muskulatur sowie des Nerven- und Hormonsystems (Zintl & Eisenhut, 2001, S.68) infolge eines Ausdauertrainings über einen längeren Zeitraum. Es ist zu erwarten, dass der Trainierende das Trainingsziel rasch erreicht und somit auch dieses Ziel innerhalb des geplanten Zeitraums realisierbar ist.

3 Trainingsplanung Mesozyklus

Nach der Auswertung aller relevanten Daten und der Durchführung und Auswertung des Ausdauertests unserer Testperson ergibt sich der Trainingsplan für das Ausdauertraining wie im Folgenden dargestellt.

3.1 Grobplanung Mesozyklus

Tab.4: Grobplanung: 6-wöchiger Mesozyklus (eigene Darstellung, 2020)

Dauer des Mesozyklus	6 Wochen

Spezifische Trainingszielsetzung für das Ausdauertraining & den Trainingsplan	- Regeneration, Gesundheit
	- Stabilisierung, Entwicklung und Aufbau der-
	  Grundlagenausdauer 1 & 2 („GA1/GA2")
	  → Verbesserung der Leistung
	- Reduzierung des Körperfettanteils & Fett-
	  stoffwechselökonomisierung

Wöchentlicher Gesamtumfang in Minu-ten bzw. Stunden	50min – 180min/3h (sukzessive gesteigert von Woche zu Woche)
Vorgesehene Trainingsmethoden	- extensive Dauermethode - intensive Dauermethode - variable Dauermethode
Vorgesehene Belastungsintensitäten (Puls- ober- und Untergrenzen) in % von der maximalen Herzfrequenz	- 50-60% Hf max (extensive DM zur aktiven Regeneration) - 60-75% Hf max (extensive DM)

→ für konkrete Pulsangaben siehe Tab. 5,6,7 berechnet mit der Faustformel : (220-LA) x Intensität d. Hf max für Laufen/Crosstrainer/ Stepper und (200-LA) x Intensität der Hf max für Fahrradergometer	- 75-85% Hf max (intensive DM) - 70-85% Hf max (variable DM)
Trainingshäufigkeit pro Woche	2-4 Trainingseinheiten
Trainingsdauer je Einheit	Von 25Min bis zu 60Min je nach Methodik
Trainingsgeräte bzw. Bewegungsformen	Fahrradergometer, Laufband, Crosstrainer, Stepper

3.2 Detailplanung Mesozyklus

Tab.5: Detailplanung Mesozyklus aus Woche 1 & 2 (eigene Darstellung, 2020)

Wochen	Einheiten	Einheit 1: Montags	Einheit 2: Donnerstags	
Woche 1	Trainingsziel	Ökonomisierung des Fettstoffwechsels, Aufbau und Stabilisierung GA 1	Ökonomisierung des Fettstoffwechsels, Aufbau und Stabilisierung GA 1	
	Trainingsmethode	Extensive Dauermethode	Extensive Dauermethode	
	Trainingsintensität (in % der Hfmax)	60-65% der maximalen Herzfrequenz	60-65% der maximalen Herzfrequenz	
	Trainingsherzfrequenz (in S/min)	(220-21) x 0,6 = 119 (220-21) x 0,65 = 129 → **119-129 Schläge/Minute**	(220-21) x 0,6 = 119 (220-21) x 0,65 = 129 → **119-129 Schläge/Minute**	
	Trainingsdauer (in Min)	25 Minuten	25 Minuten	
	Verwendete Ausdauergeräte	Crosstrainer	Laufband	
		Einheit 1: Montags	Einheit 2: Donnerstags	Einheit 3: Samstags
Woche 2	Trainingsziel	Ökonomisierung des Fettstoffwechsels, Aufbau und Stabilisierung GA 1	Ökonomisierung des Fettstoffwechsels, Aufbau und Stabilisierung GA 1	Ökonomisierung des Fettstoffwechsels, Aufbau und Stabilisierung GA 1
	Trainingsmethode	Extensive Dauermethode	Extensive Dauermethode	Extensive Dauermethode
	Trainingsintensität (in % der Hfmax)	60-65% der maximalen Herzfrequenz	65-70% der maximalen Herzfrequenz	65-70% der maximalen Herzfrequenz
	Trainingsherzfrequenz (in S/min)	(220-21) x 0,6 = 117 (220-21) x 0,65 = 127 → **119-129 S/Min**	(220-21) x 0,65 = 127 (220-21) x 0,7 = 139 → **129- 139 S/Min**	(200-21) x 0,65 = 116 (220-21) x 0,7 = 125 → **116-125 S/Min**
	Trainingsdauer (in Min)	25 Minuten	30 Minuten	35 Minuten

Verwendete Ausdauergeräte	Crosstrainer	Laufband	Fahrradergometer

Tab.6: Detailplanung Mesozyklus aus Woche 3 & 4 (eigene Darstellung, 2020)

Wochen \ Einheiten	Einheit 1: Montags	Einheit 2: Donnerstags	Einheit 3: Samstags
Woche 3 — Trainingsziel	Stabilisierung und Entwicklung der GA1+2, Reduzierung KFA	Ökonomisierung des Fettstoffwechsels, Aufbau und Stabilisierung GA 1	Stabilisierung und Entwicklung der GA1+2, Reduzierung KFA
Trainingsmethode	Intensive Dauermethode	Extensive Dauermethode	Intensive Dauermethode
Trainingsintensität (in % der Hfmax)	75-80% der maximalen Herzfrequenz	65-70% der maximalen Herzfrequenz	75-80% der maximalen Herzfrequenz
Trainingsherzfrequenz (in S/min)	(200-21) x 0,75 = 134 (200-21) x 0,8 = 143 → **134 - 143 S/Min**	(220-21) x 0,65 = 129 (220-21) x 0,7 = 139 → **129- 139 S/Min**	(220-21) x 0,75 = 149 (220-21) x 0,8 = 159 → **149- 159 S/Min**
Trainingdauer (in Min)	30 Minuten	40 Minuten	35 Minuten
Verwendete Ausdauergeräte	Fahrradergometer	Stepper	Laufband

Wochen \ Einheiten	Einheit 1 : Montags	Einheit 2: Dienstags	Einheit 3: Donnerstags	Einheit 4: Samstags
Woche 4 — Trainingsziel	Ökonomisierung des Fettstoffwechsels, Aufbau und Stabilisierung GA 1	Entwicklung der GA2	Stabilisierung und Entwicklung der GA1+2, Reduzierung KFA	Stabilisierung und Entwicklung der GA1+2, Reduzierung KFA
Trainingsmethode	Extensive DM	Intensive DM	Intensive DM	Variable DM
Trainingsintensität (in % der Hfmax)	65-70% der maximalen Herzfrequenz	80-85% der Maximalen Herzfrequenz	75-80% der maximalen Herzfrequenz	65-70% der Hf max und 80-85% der Hf max
Trainingsherzfrequenz (in S/min)	(220-21) x0,65 = 129 (220-21) x 0,7 = 139 → **129- 139 S/Min**	(220-21) x 0,8 =159 (220-21)x 0,85 = 169 → **159-169 S/Min**	(200-21)x0,75 = 134 (200-21) x 0,8 = 143 → **134 - 143 S/Min**	*15Min* : **129- 139 S/Min** *15Min* : **159- 169 S/Min** *15Min* : **129- 139 S/Min**
Trainingdauer (in Min)	40 Minuten	25 Minuten	35 Minuten	45 Minuten
Ausdauergeräte	Stepper	Crosstrainer	Fahrradergometer	Laufband

Tab.7: Detailplanung Mesozyklus aus Woche 5 & 6 (eigene Darstellung, 2020)

Wochen	Einheiten	Einheit 1: Montags	Einheit 2: Dienstags	Einheit 3: Donnerstags	Einheit 4: Samstags
Woche 5	Trainingsziel	Regeneration Stressabbau	Ökonomisierung des Fettstoffwechsels, Aufbau und Stabilisierung GA 1	Stabilisierung und Entwicklung der GA1+2, Reduzierung KFA	Stabilisierung und Entwicklung der GA1+2, Reduzierung KFA
	Trainingsmethode	Extensive DM	Extensive DM	Intensive DM	Intensive DM
	Trainingsintensität (in % der Hfmax)	50-55% der maximalen Herzfrequenz	65-70% der maximalen Herzfrequenz	70-75% der maximalen Herzfrequenz	75-80% der maximalen Herzfrequenz
	Trainingsherzfrequenz (in S/min)	(220-21) x 0,5 = 100 (220-21) x 0,55 = 109 → **98 - 109 S/Min**	(220-21) x 0,65 = 129 (220-21) x 0,7 = 139 → **129- 139 S/Min**	(200-21) x 0,7 = 125 (200-21) x 0,75 = 134 → **125 – 134 S/min**	(220-21) x (220-21) x 0,8 = 159 → **149 - 159 S/Min**
	Trainingdauer (in Min)	25 Minuten	40 Minuten	50 Minuten	40 Minuten
	Verwendete Ausdauergeräte	Crosstrainer	Laufband	Fahrradergometer	Crosstrainer
Woche 6	Trainingsziel	Stabilisierung und Entwicklung der GA1+2, Reduzierung KFA	Stabilisierung und Entwicklung der GA1+2, Reduzierung KFA	Stabilisierung und Entwicklung der GA1+2, Reduzierung KFA	Stabilisierung und Entwicklung der GA1+2, Reduzierung KFA
	Trainingsmethode	Intensive DM	Variable DM	Intensive DM	Variable DM
	Trainingsintensität (in % der Hfmax)	70-75% der maximalen Herzfrequenz	65-70% der Hf max und 70-75% der Hf max	75-80% der maximalen Herzfrequenz	65-70% der Hf max und 75-80% der Hf max
	Trainingsherzfrequenz (in S/min)	(200-21) x 0,7 = 125 (200-21) x 0,75 = 134 → **125 – 134 S/min**	*15Min* : **129- 139S/Min** *15Min* : **139- 149 S/Min** *15Min* : **129- 139 S/Min** *15Min* : **139- 149 S/Min**	(220-21) x 0,75 = 149 (220-21) x 0,8 = 159 → **149 - 159 S/Min**	*10Min* : **129- 139 S/Min** *10Min* : **149- 159 S/Min** *10Min* : **129- 139 S/Min** *10Min* : **149- 159 S/Min**
	Trainingsdauer (in Min)	45	60	40	40
	Verwendete Ausdauergeräte	Fahrradergometer	Crosstrainer	Stepper	Laufband

3.3 Begründung Mesozyklus

3.3.1 Belastungsumfang und Belastungsprogression

Der zeitliche Verfügungsrahmen des Trainierenden liegt bei 4 Einheiten zu jeweils 1-1,5h die Woche. Um seine Ziele möglichst effizient und schnell zu erreichen werden diese Zeitvorgaben vollständig genutzt. Nach dem Prinzip der Dauerhaftigkeit und Kontinuität (Lange, 2007) können die Ergebnisse und Anpassungserscheinungen bei mehr Einheiten pro Woche eher garantiert werden.

Der Mesozyklus beginnt moderat und die Leistungsanforderung nimmt im weiteren Verlauf nach und nach zu. → *Prinzip der progressiven Belastungssteigerung*. (Lange, 2007). Zu Beginn sind zwei Einheiten pro Woche angesetzt, anschließend zwei Wochen lang drei Einheiten, die letzten drei Wochen werden vier Einheiten trainiert.

Neben der Anzahl der Trainingseinheiten wird auch die Höhe der Belastungsintensität gesteigert. Anfangs sind es 60-65%. Im späteren Verlauf des Mesozyklus erreicht die Intensität bis zu 85%. Auch die Belastungsdauer pro Einheit steigt von anfangs 25min auf bis zu 60min.

3.3.2 Trainingsmethodik

Gemäß dem Prinzip der variierenden Belastung (Lange, 2007) wird auch in der Methodik des Ausdauertrainings für unseren Trainierenden variiert. Der Trainierende startet ausschließlich mit der extensiven Dauermethode, später wird auch die intensive und variable Dauermethode eingesetzt. Um die Adhärenz und Freude am Training zu fördern und den Zyklus abwechslungsreich zu gestalten werden verschiedene Ausdauergeräte eingesetzt. Es wird festgehalten, dass je länger der Zyklus dauert und je mehr Erfahrung der Trainierende im Ausdauersport sammelt, desto stärker nimmt die geforderte Leistung zu. Damit wird ausreichend Zeit eingeplant um ein solides Leistungsniveau zu entwickeln und vorzeitige Überlastung zu vermeiden.

Beim Ausdauertraining gibt es den Grundsatz: Häufigkeit vor Umfang vor Intensität. Entsprechend werden die Belastungsparameter jeweils in dieser Reihenfolge angepasst (Lange, 2007). Intensivere Einheiten wechseln sich mit moderaten Einheiten ab. Zu Beginn von Woche 5 findet eine Einheit im „REKOM-Bereich" bei 50-55% der Hf max (Hottenrott, 2006) statt. Da der Trainierende anstrebt seinen Körperfettanteil zu senken, währenddessen aber auch die Ausdauerleistungen zu steigern, werden der Grundlagen-ausdauerbereich 1 und der Grundlagenausdauerbereich 2 miteinbezogen. Im GA1-Bereich wird bevorzugt die extensive Dauermethode bei etwa 60-75% der Hf max (Neumann et al.,2007; Hottenrott, 2006) eingesetzt. Dadurch wird das Herzkreislaufsystem stabilisiert und der Fettstoffwechsel ökonomisiert (Berg, 2004, S. 173-175).

Der Trainierende wird nach IPN als „schlecht" ausdauerbegabt eingestuft, daher sollte ein GA1 Training als Basis durchgeführt werden. Nach dem Aufbau einer gewissen Grundlagenausdauer werden die variable und intensive Dauermethode eingesetzt. Diese Trainingsmethoden sind die bevorzugten Trainingsmethoden für den GA2 Bereich (Neumann et al., 2007, S.131). Weder die intensive, noch die extensive Intervallmethode kommen zum Einsatz bei unserem Trainierenden, da diese sich eher für erfahrene, leistungsstarke Sportler eignen. Intensitäten von 80% bis >90% der Hf max sind für durchschnittliche Freizeitsportler nicht empfehlenswert (Zintl, F. & Eisenhut, A., 2001). Es sollte aber berücksichtigt werden, dass der Trainierende mehrere Jahre im Ballsport aktiv war und daher sicherlich ein gewisses Maß an Grundlagenausdauer verfügt. Deswegen kann der Trainierende „relativ" schnell die Trainingsintensität und -frequenz erhöhen.

3.4 Schluss

Abschließend ist festzuhalten, dass im Falle unserer Testperson, einem 21-jähreigen Mann ohne medizinische Vorgeschichte, ohne auffällig bedenkliche Werte, aber mit unterdurchschnittlicher Ausdauerleistung zunächst die allgemeine Trainierbarkeit festgestellt wurde (Kapitel 1). In Anbetracht der in Kapitel 2 formulierten Trainingsziele „Senkung des Blutdrucks", „Körperfettreduktion" und „Verbesserung Belastbarkeit" ist ein intensiveres und frequenteres Training von Vorteil. Je höher die Trainingsintensität, desto mehr Kalorien können umgesetzt werden und es kann leichter ein Kaloriendefizit erreicht werden. Dementsprechend ist von einer erfolgreichen Zielerreichung nach Abschluss des erstellten Trainingsprogramms auszugehen.

4 Literaturrecherche

Die Literaturrecherche erfolgt zum Thema „Effekte des Ausdauertrainings bei Übergewicht/Adipositas".

Tab. 8: Literaturrecherche zum Thema „Effekte des Ausdauertrainings bei Übergewicht" (eigene Darstellung, 2020)

	Studie 1	Studie 2
Wer hat die Studie durchgeführt?	Ratajczak M, Skrypnik D., Bogdański P., Mądry E., Walkowiak J, Szulińska M., Maciaszek J., Kręgielska-Narożna M., Karolkiewicz J.	Bhutani, Surabhi; Klempel, Monica C.; Kroeger, Cynthia M.; Trepanowski, John F.; Varady, Krista A.
In welchem Jahr wurde die Studie publiziert?	2019	2013
Welche Forschungsfrage wurde untersucht	Kann eine Kombination aus Kraft- und Ausdauertraining als Alternative zum Ausdauertraining als Maßnahme bei übergewichtigen Frauen empfohlen werden?	Bewirkt die Kombination aus alternierendem Fasten (ADF) und Ausdauertraining im Vergleich zu einzelnen Behandlungen überlegene Veränderungen der Körperzusammensetzung und der Plasma-Lipidspiegel?
Mit welchen Versuchspersonen wurde die Studie durchgeführt?	39 übergewichtige Frauen; Alter: 28-62 Jahre	64 übergewichtige Personen
Wie sah der Versuchsaufbau der Studie aus?	-22 Frauen absolvierten ein Ausdauertraining bei 60-80% HFmax -17 Frauen absolvierten ein kombiniertes Training: 20 Minuten Krafttraining bei 50-60% 1RM und 25 Minuten Ausdauer Training bei 60-80% HFmax -vor und nach dem Training wurden jeweils folgende Parameter erhoben: eNOS, VEGF, TBARS, TAC, Gesamtcholesterin, LDL-C, HDL-C, Triglyceride und CRP sowie VAI. Weiterhin wurden Skelettmuskelmasse sowie AIP bestimmt.	64 übergewichtige Personen wurden für 12 Wochen in 4 Gruppen eingeteilt: 1) Kombination (ADF plus Ausdauertraining) 2) ADF 3) Ausdauertraining 4) Kontrolle
Welche relevanten Ergebnisse und Schlussfolgerungen liefert die Studie?	-nach dem Training nahmen in beiden Gruppen das Gesamtcholesterin und die Skelettmuskelmasse des gesamten Körpers zu -in der Gruppe, die ein kombiniertes Training absolvierte, wurden niedrigere Werte von VAI, AIP, CRP und LDL-C festgestellt -in der Ausdauergruppe wurden niedrigere TBARS Werte festgestellt, während HDL-C und eNOS Werte gestiegen sind -signifikante Unterschiede zwischen den Gruppen konnten nicht festgestellt werden -beide Trainingsprogramme führten zu einer Verbesserung des Fettstoffwechsels,	-das Körpergewicht wurde in den Gruppen Kombination, ADF und Ausdauertraining um 6 ± 4 kg, 3 ± 1 kg und 1 ± 0 kg reduziert -die Fettmasse und der Tailenumfang nahmen ab, während die Magermasse in der Kombinationsgruppe beibehalten wurde -Low Density Lipoprotein (LDL) Cholesterin verringerte sich (12 ± 5%) und High Density Lipoprotein (HDL) Cholesterin erhöhte sich (18 ± 9%) nur in der Kombinationsgruppe -LDL-Partikelgröße erhöhte sich um 4 ± 1 Å und 5 ± 1 Å in der Kombinations- bzw. ADF-Gruppe.

	nur das Ausdauertraining allein änderte Indikatoren der Endothelfunktionen positiv	-der Anteil kleiner HDL-Partikel nahm nur in der Kombinationsgruppe ab -die Kombination ruft im Vergleich zu einzelnen Behandlungen überlegene Veränderungen des Körpergewichts, der Körperzusammensetzung und der Lipidindikatoren des Herzkrankheitsrisikos hervor

5   Literaturverzeichnis

Ärzte Zeitung. (2005). Sport für Hypertoniker – Ja, aber die Tücke liegt im Detail.

Berg, A. (2004). Sport hält gesund. UGB Forum, 4, 173–175.

Bhutani et al. (2013): Alternate day fasting and endurance exercise combine to reduce body weight and favorably alter plasma lipids in obese humans. In: Obesity (Silver Spring, Md.) 21 (7), S. 1370–1379. DOI: 10.1002/oby.20353.

Gallagher, D.; Heymsfield, S. B.; Heo, M.; Jebb, S. A.; Murgatroyd, P. R.; Sakamoto, Y. (2000): Healthy percentage body fat ranges: an approach for developing guidelines based on body mass index. In: The American Journal of Clinical Nutrition 72 (3), S. 694–701. DOI: 10.1093/ajcn/72.3.694.

Hottenrott, K. (2006). Trainingskontrolle mit Herzfrequenz-Messgeräten (1. Aufl).

Institut für Prävention und Nachsorge (IPN) (2004). IPN-Test – Ausdauertest für den Fitness- und Gesundheitssport. Köln: Institut für Prävention und Nachsorge.

Kindermann, W., Dickhuth, H.-H., Niess, A., Röcker, K. & Urhausen, A. (2003). Sport

Lange, H. (2007). Optimales Walking. Balingen: Spitta.

Mancia, G. et al. (2013). Guidelines for the Management of Arterial Hypertension: the Task Force for the Management of Arterial Hypertension of the European Society of Hypertension (ESH) and of the European Society of Cardiology (ESC).

Mathias D. (2018) Übergewicht und Krankheitsrisiko. In: Fit und gesund von 1 bis Hundert. Springer, Berlin, Heidelberg

Muster, M. & Zielinski, R. (2006). Bewegung und Gesundheit. Gesicherte Effekte von

Neumann, G., Pfützner, A. & Berbalk, A. (2007). Optimiertes Ausdauertraining (5., überarb. Aufl.). Aachen: Meyer & Meyer.

Ratajczak et al. (2019): Effects of Endurance and Endurance-Strength Training on Endothelial Function in Women with Obesity: A Randomized Trial. In: International journal of environmental research and public health 16 (21). DOI: 10.3390/ijerph16214291.

Rost et al. (2002). Lehrbuch der Sportmedizin

Trunz, E. (2001). IPN-Test-Ausdauertest für den Fitness-und Gesundheitssport. Institut für Prävention und Nachsorge Köln

Zintl, F. & Eisenhut, A. (2001). Ausdauertraining. Grundlagen – Methoden – Trainingssteuerung (5. Aufl.). München: BLV Sportwissen.

6 Tabellenverzeichnis